존재에 대한 명상

아이엠

A MEDITATION ON

I Am

존재에 대한 명상

아이엠

루퍼트 스파이라 지음

김주환 옮김

나에게로 향하라

그러면 내가 당신을

내 안으로 데려가리라

이 책은 루퍼트 스파이라의 『A Meditation on I Am』을 완역한 것이다. 그의 다른 저서들과 달리 이 책은 시집이다. 30년 가까이 다듬어온 하나의 긴 시를 담고 있다. 그리고 그 시의 바탕이 되는 철학적 해설과 시가 탄생한 사연을 담은 후기가 함께 담겨 있다. 명상 스크립트이면서 동시에 철학적 에세이다.

우리는 하루에도 수십 번 '나는 I am'이라는 말을 한다. "나는 피곤해", "나는 행복해", "나는 배가 고파". 직접 입 밖으로 말을 내뱉지는 않더라도 우리는 셀프토크로

수없이 많은 "나는 이렇다, 나는 저렇다…" 등의 내면소통을 한다. 그런데 "나는 피곤해"라고 할 때, '피곤해하는 존재'가 곧 나인가? 아니면 지금 '나는 피곤하다고 알아차리는 존재'가 나인가? 이것이 모든 것의 핵심 질문이다. 이러한 질문이 친숙하게 느껴진다면, 당신은 스파이라가 여러 책에서 일관되게 강조하고 있는 핵심을 이미 이해하고 있는 것이다.

피곤함은 왔다가 사라진다. 그런데 피곤함이 사라진 후에도 '나'는 여전히 있다. 기쁨도 왔다가 가고, 슬픔도 왔다가 간다. 그러나 그 모든 것이 오고 가는 동안 '나는 I am'이라는 존재는 변함없이 늘 거기에 있다. 이것이 바로 스파이라가 이 책에서 탐구하는 '아이엠 I am'이다. 경험에 어떤 색깔도 더해지기 이전의 조건 없는 순수한 현존감이다. 영화 속의 이미지가 끊임없이 바뀌어도 스크린은 변하지 않듯이, 우리의 경험 내용은 끊임없이 바뀌어도 경험하는 주체로서의 '아이엠'은 변하지 않는다.

스파이라는 이 '아이엠'이 바로 신성한 이름이라고 말한다. "자기 자신을 아는 자는 자신의 주님을 안다"는 수피 전통의 가르침처럼, 내 안에서 '나는'이라는 앎으로 빛나는 것이 곧 우주의 궁극적 실체라는 것이다. 이러한 사상은 스파이라의 다른 저서들에서도 일관되게 흐른다. 이미 번역된 『사물의 투명성』에서 그는 의식과 그 대상인 세계가 본질적으로 하나임을 탐구했고, 『알아차림에 대한 알아차림』에서는 명상의 핵심이 특별한 경험을 추구하는 것이 아니라 이미 늘 현존하는 알아차림 자체를 알아차리는 것임을 설명했다. 이 책 『아이엠I Am』은 그 두 권이 탐구한 진리를 시의 언어로 압축하여 담아낸 것이다.

스파이라는 이 책 서문에서 존재의 통일성에 대해 말한다. 우리 각자 안에 있는 '아이엠'은 개인의 것이 아니다. 그저 존재 자체다. 스크린이 어떤 특정한 영화의 속성이 아니듯이, 존재는 어떤 특정한 개인의 속성이 아니다. 그것은 친밀하고도 비개인적이며 무한하다. 우리 자신과의 관계에서 이 존재는 '나'라고 불리고, 우주와의 관계에서는 '신'이라고 불린다. 예수님이 "나와 나의 아버지는 하나다"라고 하셨을 때, 그리고 불교에서 "열반과 윤회는 하나다"라고 할 때, 힌두교에서 "아트만과 브라흐만은 동일하다"고 할 때, 이 모두가 가리키는 것이 바로 이 존재 자체다.

이 책은 시라는 형태를 갖추고 있지만, 단순한 문학적 시에 그치는 것은 아니다. 시의 각 구절은 그 자체로 하나의 명상 가이드다. "나는 앎이며, 이 앎과 함께 모든 것이 알려진다", "나는 현존이며, 이 현존 안에서 모든 것이 나타난다", "나는 실체이며, 이 실체에서 모든 것이 만들어진다"— 이런 구절들은 읽는 순간 독자 자신의 본질적 현존을 알아차리도록 조용히 안내한다. 그리하여 이 책은 그저 천천히 읽는 것만으로도 깊은 명상적 체험이 된다.

이 시에서 가장 인상적인 것은 역설의 연속이다. "나는 말하지만 침묵한다", "나는 움직이지만 쉰다", "나는 알지만 알려지지 못한다", "나는 존재하지만 실존하지 않는다". 이러한 역설은 단순한 문학적 장치가 아니라 언어와 개념의 한계를 드러내기 위한 것이다. 우리의 본질적 존재는 어떤 말로도, 어떤 개념으로도 완전히 포착할 수 없다. 말이 닿는 순간 그것은 이미 하나의 인식 대상이 되고 만다. 그러나 우리의 본질은 대상이 아니라 대상을 인식하는 주체이다. 진짜 '나'는 인식의 대상이 될 수 없다. 눈이 눈 자신을 직접 볼 수 없듯이 말이다.

"내가 말하면 거짓말을 하는 것이고, 침묵을 지키면 비겁한 것이다"라는 말이 있다. 스파이라는 이 딜레마를 시의 언어로 돌파하려 한다. 시는 명제나 논증이 아니기 때문에 역설을 그대로 품을 수 있다. '아이엠'을 직접 가리킬 수는 없지만, 역설적인 시구들이 그 주변을 둘러싸면서 독자의 주의를 그쪽으로 자연스럽게 향하게 한다. 언어로는 직접 담을 수 없는 것을 간접적인 언어로 넌지시 가리키는 것, 이것이 바로 이 시가 하려는 일이다.

스파이라가 이 시를 쓰기 시작한 것은 1990년대 후반, 그가 도예가로 활발히 활동하던 시절이었다. 그는 후기에서 이렇게 전한다. 어느 날 크고 넓은 그릇에 글자를 새기고 있는데, 불안정한 형태의 그릇이 언제 무너질지 모르는 긴장감 속에서 문득 이런 생각이 떠올랐다고. "말로 그릇을 빚고 싶다." 의도하지 않은, 마음이 고요해진 순간에 저절로 찾아오는 그런 종류의 생각이었다. 그 씨앗 같은 생각이 수십 년에 걸쳐 자라서 이 시집으로 완성되었다.

그가 사용하는 매체는 바뀌었지만, 그는 정말로 말로 그릇을 빚었다. 흙으로 빚은 그릇이 물을 담는 것처럼, 그의 시는 독자가 자신의 본질적 현존으로 되돌아가 쉴 수 있는 형태 없는 그릇이다. 잘 빚어진 그릇이 내용물을 드러내주듯이, 잘 빚어진 이 시는 우리의 본질적 현존을 드러내준다. 훌륭한 도예가는 그릇을 만들지 않는다. 빈 공간을 만든다. 스파이라의 시 역시 그러하다. 각 시구는 어떤 대상을 위한 것이 아니라 텅 비어 있음으로 충만한 그 공간을 위한 것이다.

스파이라의 가르침에서 내가 특히 중요하게 생각하는 것은 명상에 대한 그의 관점이다. 그는 명상을 어떤 특별한 상태를 만들어내거나 특별한 경험을 얻기 위한 수단으로 보지 않는다. 오히려 그 반대다. 깨달음이라는 목표를 얻기 위해 열심히 노력하면 할수록 깨달음에서 오히려 멀어진다는 것이 그의 일관된 주장이다. 진정한 명상은 애쓰는 것이 아니다. 이미 늘 현존하고 있는 나의 본질적 존재를 있는 그대로 알아차리는 것이다. 스파이라의 말처럼 "명상은 우리의 존재 방식이지, 우리가 하는 어떤 행위가 아니다". 이것이 바로 그가 누누이 강조하는 "애쓰지 않는 애씀effortless effort"이다.

이 시의 각 구절을 천천히 음미하다 보면 이 점이 더욱 분명해진다. "나는 접근되지 못하지만 항상 현존한다", "나는 알려지지 못하지만 결코 알려지지 않은 적이 없다", "나는 결코 발견되지 않지만 결코 상실된 적이 없다". 스파이라는 수행을 통해 얻어지는 어떠한 경지가 있다는 망상을 없애기 위해 이러한 말을 계속 반복한다.

꾸준한 명상을 통해서만 도달할 수 있는 어떤 경지란 없다. 만약 그러한 것이 있다면 그것은 우리의 본모습이 아닌 다른 어떤 것이다. 스파이라가 강조하는 것은 나의 본모습은 지금 이 순간에도 이미 나와 함께, 나 안에, 나로 존재하고 있다는 사실이다. 나의 본모습은 결코 우리가 애써서 발견해야 할 어떤 것이 아니며, 내가 잃어버린 적도 없고, 잃어버릴 수도 없는 것이다. 나는 나의 본래 모습과 늘 하나임을 그저 다시 알아차리는 것이 바로 명상의 핵심이다. 그 본모습이 바로 내면소통에서 말하는 배경자아이며, 지눌이 말하는 공적영지空寂靈知다.

많은 사람들은 여전히 명상이 특별한 수련을 통해 특별한 경지에 이르는 것이라는 오해를 하고 있다. 시중에는 특별한 깨달음이나 신비한 경험을 약속하는 명상 프로그램들이 넘쳐난다. 그러나 스파이라는 정반대의 방향을 가리킨다. 명상은 어딘가에 도달하는 것이 아니라 이미 늘 여기 있는 것으로 되돌아오는 것이다. 어디론가 애써서 갈 필요가 없다. 늘 지금 여기에 현존하기 때문이다. 그 현존을 놓치게 하는 것이 무엇인지를 알아차리는 것이야말로 우리가 명상 수행을 하는 이유다.

스파이라의 사상은 베단타 철학에 뿌리를 두고 있다. 하지만 그가 이 책에서 탐구하는 진리는 특정 종교나 철학 전통에 국한되기보다는, 동서고금의 여러 전통에서 공통적으로 발견되는 보편적 진리다. 기독교, 불교, 힌두교, 수피즘 등 각 전통이 서로 다른 언어와 상징을 통해 모두 하나를 가리킨다. 바로 우리 각자의 내면에서 '나는 I am'이라는 앎으로 빛나는 그것이 곧 나의 본모습이고 우주의 본질이라는 진리다.

이 책을 번역하면서 가장 어려웠던 점은 시적인 느낌을 살리면서 동시에 철학적 논리를 유지하는 일이었다. 특히 이 시는 수십 년 동안 스파이라가 다듬어온 것이어서 영어 원문의 각 구절 하나하나에 섬세한 의도가 담겨 있다. 역설적 표현을 한국어로 옮기면서 원문이 가진 긴장감과 깊이를 살리려 했지만, 두 언어 사이의 구조적 차이로 인해 만족스럽게 전달되지 못하는 부분이 있을 수밖에 없었다. 그러한 점에서, 시 부분을 영어 원문은 왼쪽 페이지에, 한국어 번역은 오른쪽 페이지에 영한 대조로 싣게 된 것은 참으로 다행스러운 일이다. 시는 번역이 어색할 수밖에 없으니 영어 원문의 맛을 직접 음미해보시기 바란다.

'I Am'이라는 표현 자체도 번역하기가 쉽지 않았다. '나는'이라고 번역하면 술어 없이 문장이 허공을 떠도는 느낌이 들고, '나는 있다'나 '나는 존재한다'고 하면 원문이 가진 단순함과 직접성이 사라진다. 결국 이 책에서는 스파이라가 의도적으로 사용하는 표현임을 존중하여 '아이엠I am'을 그대로 유지하기로 했다. 이 표현이 독자들에게 자칫 낯설게 느껴질 수 있지만, 그 낯섦 자체가 어쩌면 독자로 하여금 그 표현이 가리키는 것을 더 직접적으로 바라보게 하는 계기가 될 수 있다고 생각한다.

스파이라의 다른 저서들을 번역할 때와 마찬가지로, 이번에도 가능한 한 저자의 문장을 있는 그대로 투명하게 옮기는 것을 최우선으로 삼았다. 그의 문장은 철학적이고 심오한 내용을 다루면서도, 독자가 자신의 경험으로 받아들일 수 있도록 설득력 있으면서도 단순 명료한 문체를 유지한다. 이 단순함을 한국어로 재현하는 것이 언제나 가장 어렵고도 중요한 과제다. 화려한 번역보다 투명한 번역이 더 어렵다는 것을 이 책을 옮기면서 다시 한 번 깊이 느꼈다.

이 책은 단순히 읽는 책이 아니다. 각 구절을 읽으면서

잠시 멈추고, 그 구절이 가리키는 방향으로 주의를 부드럽게 돌려보길 권한다. 시의 구절 하나하나가 가리키는 것의 의미를 이성으로 이해하려 하기보다는 그저 그 방향으로 조용히 주의를 돌려보라. 어쩌면 바로 그 순간, 늘 거기 있었지만 알아차리지 못했던 나의 본질적 현존이 선명하게 드러날지도 모른다.

스파이라는 이 시의 마지막에서 이렇게 말한다. "나에게로 향하라. 그러면 내가 당신을 내 안으로 데려가리라." 이 책이 독자 여러분을 그 방향으로 이끄는 조용한 안내자가 되기를 바란다. 그리하여 대상적 경험의 분주함 속에서도 자신의 본질적 현존이라는 가장 단순하고도 충만한, 텅 비어 있음으로 가득 찬, 조용한 그 자리로 언제든 돌아올 수 있기를!

'텅 빈 고요'가 늘 함께 하기를!

석수 김주환

2026년 4월

존재의 통일성

우리는 평생 살면서 "나는 다섯 살이야", "나는 스물 네 살이야", "나는 외로워", "나는 사랑에 빠졌어", "나는 신나", "나는 우울해", "나는 점심을 먹고 있어", "나는 책을 읽고 있어", "나는 결혼했어", "나는 독신이야" 같은 말을 합니다.

이러한 각각의 말에서 우리는 우리의 기본적인 자아 또는 존재, 즉 '아이엠I am'을 언급하며, 그후 여기에 여러 생각이나 감정, 마음 상태, 행동, 관계 등의 색을 덧입힙니다. 우리의 존재에 일시적인 특성이나 특징이 이런 식으로 더해진 결과 '아이엠'은 "나는 이러하거나 저러하다"가 되거나 "나는 이러하거나 저러하다"처럼 보이게 됩니다.

경험의 내용은 끊임없이 바뀝니다. 그 어떠한 생각이나 감정, 마음 상태, 행동, 관계도 우리의 본질은 아닙니다. 경험의 내용은 우리의 자아를 일시적으로 규정하는 것처럼 보이지만, 우리가 '존재한다'는 기본적인 느낌은 언제나 변함없이 유지됩니다. 그것이 바로 끊임없이 변화하는 우리 경험의 변하지 않는 배경이지요.

지금의 나는 어제의 나와 동일한 자아이며, 작년의 나와도, 어린아이였을 때의 나와도 동일한 자아입니다. 외로움이나 우울을 경험하는 자아는 흥분이나 사랑에 빠진 경험을 아는 자아와 동일합니다. 누군가와 연애 중이었던 자아가 이제는 독신인 자아와 동일하듯이 말입니다.

우리가 언제나 동일한 사람이라는 이러한 확신을 어

떻게 설명할 수 있을까요? 우리의 생각이나 이미지, 감정, 감각, 인식, 행동이나 관계 중에서 동일한 것은 하나도 없는데 말이지요. 그렇지만 변화하는 모든 경험 내내 일관적으로 관통하는 흐름은 분명히 존재합니다.

* * *

우리 존재, 즉 자아는 변화하는 모든 경험에서 일관적인 요인입니다. 스크린이 모든 영화가 상영되는 안정된 배경인 것처럼요. 영화에서 두 개의 이미지(장면)가 동시에 나타나는 일은 없습니다. 만약 그렇다면 동일한 이미지겠지요. 따라서 영화에서는 하나의 이미지가 다른 이미지에 직접 연관되지 않습니다.

스크린은 불연속적인 여러 이미지에 연속성을 부여해서 영화가 단편적인 파편의 연속이 아니라 나뉘지 않은 전체로 보이게 합니다. 마찬가지로 우리의 존재는 끊임없이 변하는 대상적 경험의 흐름에 '늘-현존함ever-presence'을 부여하면서 통일성과 연속성을 제공합니다.

우리의 존재는 그 자체가 경험이 아니지만, 스크린이 영화가 상영되도록 허용하듯이 모든 경험이 일어날 수 있게 해줍니다. 스크린이 없으면 어떤 영화도 상영될 수 없듯이, 우리에게 자아가 없으면 어떤 경험도 있을 수 없습니다.

우리의 자아는 삶이라는 직물을 일관된 전체로 이어주는 공통의 실이며, 파편 같은 생각이나 이미지, 느낌, 감각, 지각을 하나의 조각보로 통합하는 '늘 현존하는' 섬유입니다. 우리의 자아는 반짝이는 실처럼 끊임없이 변하는 우리의 경험에 온전함과 일관성을 부여하며, 그 결과 확실한 통일성과 연관성을 지닌 경험을 설명해 줍니다.

스크린은 영화에서 색을 지닌 모든 이미지들의 '무색' 배경입니다. 따라서 스크린에는 영화의 사물이나 사람,

사건의 특징이 되는 그 어떤 제한이 없습니다. 한편 스크린은 영화와 분리되지 않고 모든 장면에 스며들어 있습니다. 모든 이미지는 스크린이 일시적으로 변형된 결과일 뿐이니까요.

마찬가지로, 우리의 자아는 경험의 내용, 즉 우리의 생각이나 이미지, 느낌, 감각, 지각, 활동, 관계를 특징짓는 어떤 한계도 갖고 있지 않습니다. 우리 존재는 모든 경험 이면에 놓여 있으면서 동시에 모든 경험에 친밀하게 스며들어 있는, 대상 없이 알아차리는 현존입니다. 이처럼 우리 존재는 경험의 한계를 초월하면서 동시에 그 안에 내재합니다.

* * *

경험으로부터 빌려온 속성들을 벗어던지면, 우리의 본질적 본성은 한계가 없고 무한합니다. 이처럼 우리의 존재는 '우리의' 존재가 아닙니다. 그저 '존재' 자체일 뿐입니다. 스크린이 어떤 특정한 이미지나 영화의 속성이 아니듯이, 존재는 어떤 특정한 대상이나 개인의 속성이 아닙니다. 존재는 그저 친밀하고 비개인적이고 무한한 존재이며, 모든 사람과 모든 것이 여기로부터 겉보기에 독립적인 존재를 끌어오게 됩니다.

우리 자신과의 관계에서는 이 공유된 존재를 '나'라고 부릅니다. 우주와의 관계에서는 우리 존재를 때때로 '신God'이라고 부릅니다. 이 두 단어 모두 연상 작용이 있어 한계를 동반하지만, 각각 그것이 가리키는 실재의 본성에 대해 무언가를 전달합니다. '나'라는 단어가 우리가 공유하는 존재의 친밀함을 나타내는 반면, '신'이라는 단어는 비개인적이고 무한한 본성을 환기합니다. 이를 단순히 '현존presence'이라고 부를 수도 있습니다. 현존은 존재하는 모든 것 안에서 공통된 요소이기 때문이지요.

우리는 우주와 떼려야 뗄 수 없이 연결되어 있기 때문에 우리의 본질적 본성과 우주의 본성은 하나이고 동일한 것임에 틀림없습니다. 파도의 본성과 바다의 본성이 하나이듯이요. 예수님은 "나와 나의 아버지는 하나다"라고 말씀하시면서 이러한 이해를 표현하셨습니다. 즉, 나의 본질적 존재와 우주의 존재는 하나입니다.

같은 깨달음이 불교에서도 표현됩니다. "열반과 윤회는 하나다"라는 말씀은 우리 마음의 본질적 본성과 세계의 실재가 같다는 것을 나타냅니다. 이 보편적 진리는 힌두교에서도 "아트만과 브라흐만은 동일하다"라며 울려퍼집니다. 즉, 개별적으로 보이는 모든 사람의 존재는 신의 보편적 존재입니다.

수피 전통에서는 "자기 자신을 아는 자는 자신의 주님을 안다"라고 말합니다. 즉, '나' 또는 '아이엠'이라는 이름으로 지칭되는 것이 무엇인지 아는 사람은 우주의 궁극적 실체와 하나임이 확인됩니다. 다시 말해서 궁극적 실체는 경험에 의해 색칠되거나 규정되기 전에 우리 각자의 마음 안에서 '나' 또는 '아이엠'이라는 앎으로 빛납니다. 따라서 '아이엠'은 신성한 이름입니다.

* * *

자기 자신을 아는 여정, 즉 존재를 탄생시키는 자신의 본질적 본성을 인식하는 여정보다 더 중요한 노력은 없습니다. 사실 우리가 존재의 본성을 모른다면, 존재하는 그 어떤 것의 본성을 어떻게 알 수 있을까요?

'존재existence'라는 단어는 라틴어 'ex-'와 'sistere'에서 유래했습니다. 'ex-'는 '-로부터' 또는 '-에서 나와'를, 'sistere'는 '서 있다'를 의미합니다. 존재하는 모든 것이 존재being의 배경에서부터 두드러진다는 것을 함축합니다. 영화 속 대상과 사람들이 스크린이라는 배경에서 두드러져 보이는 것처럼 말이죠. 물론 영화 속의 그 어떤 대상이나 사람도 실제로 스크린으로부터 분리되지 않습니다. 그렇게 보일 뿐이죠. 마찬가지로 어떤 대상이나 사람도 순수 존재의 배경으로부터 분리되지 않습니다. 그렇게 보일 뿐입니다.

이러한 깨달음은 『바가바드 기타』에서 "존재하는 것은 결코 사라지지 않으며, 존재하지 않는 것은 결코 존재하게 되지 않는다"며 울려퍼집니다. 그리고 이슬람 전통에서는 "라 일라하 일랄라La ilaha illallah(신 외에는 신이 없다)"라고 말합니다. 즉, 어떤 사람도 그 자체로 자신인 것은 아니며, 어떤 사물도 그 자체로 사물인 것이 아니라는 의미입니다.

어떤 것도 그 자체의 존재를 갖지 않으며, 오히려 모든 것은 신의 존재, 즉 유일한 존재로부터 겉으로 보이는 존재를 빌려옵니다. 오직 하나의 실체만이 존재하며, 그 실체는 홀로 서 있고, 나누거나 파괴될 수 없으며, 온전하고 완벽하며 완전합니다.

분할할 수 없는 하나의 스크린에 색을 더한 것이 영화이듯이, 모든 사람과 사물은 순수 존재의 변조입니다. 존재가 '순수'한 이유는 존재 안에 존재 자체 외에는 아무것도 없어서 섞이거나 제한될 수 없기 때문입니다. 따라서 존재는 무한하고, 분할할 수 없으며, 동시에 완전히 친밀합니다. 존재는 우리의 자아 안에서 '나' 또는 '아이엠'이라는 앎으로 빛납니다.

이 말은 사람이나 사물을 깎아내리는 것이 아닙니다. 오히려 사람과 사물을 그들의 합당한 지위로 끌어올리는 것입니다. 세상을 착취의 대상으로 만들던 관점을 내려놓고, 타자를 억압해야 할 '다른 것'으로 투사하던 관점을 거두는 것입니다. 그렇게 우리는 그런 믿음이 낳는 필연적 결과들로부터 세계와 타자를 해방시킵니다.

다시 말해서 우주를 다수의 대상과 타자로 파편화해온 믿음이라는 여과기를 제거하는 것입니다. 우리는 존재의 다양성 속에서 존재의 통일성을 분별하고 있습니다. 시인 셸리Shelley의 표현대로, "여러 색깔의 유리 돔" 안에서 "영원의 하얀 광채"를 보는 것입니다. 영화감독 파솔리니Pasolini의 말을 빌리자면 "실재에 그 본래의 신성한 의미를 되돌려주는" 것입니다.

* * *

존재의 통일성이 타인과의 관계에서 빛날 때 우리는 그것을 사랑으로 경험합니다. 우리의 존재는 겉으로 보기에 타자인 사람 안에서 자신을 알아봅니다. 수피 신비주의자 발야니Balyani가 말했듯이, "그분에게 타자성은 타자성 없는 그분 자신입니다". 바로 이러한 이유로 루미Rumi는 "진정한 연인은 결코 실제로 만나지 않는다. 그들은 처음부터 서로의 안에 있다"라고 말했습니다.

그리고 우리가 그림이나 조각, 그릇, 춤, 음악 작품, 풍경 등 어떤 대상을 경험할 때 평상시에 지각하던 주체-객체 관계가 순간 해소될 때 우리는 아름다움의 계시를 경험합니다. 사랑의 경험에서 우리 자신과 겉보기의 타자 사이의 분리가 사라지듯이, 아름다움의 경험에서도 우리 자신과 대상 또는 세상 간의 구분이 사라집니다.

이처럼 사랑과 아름다움은 실체의 계시이며, 겉으로 보기에 다양하고 수많은 대상과 자아 한가운데에서 빛나는 존재입니다. 이는 신의 현존의 계시이며, 모든 자아 안에서 '아이엠'으로, 모든 사물 안에서 '존재함'으로 빛납니다.

궁극적으로 우리의 존재는 정당하게 이름을 부여받을 수 없습니다. 모든 이름이 경험의 내용을 묘사하기 위해 진화해왔기 때문입니다. 존재를 '무한하다'고 부르는 것조차 과한 일입니다. 실존 안에 유한한 무언가가 실재하며 그것과 대비될 수 있음을 시사하기 때문이죠. 그러면 신의 존재 외에 다른 무언가가 있다는 생각에

신빙성이 부여되고, 이는 신성모독입니다.

'존재'라는 이름조차 과한 것입니다. 이와 반대되는 비존재를 암시하기 때문이죠. 존재에 대해 말하려면 사실 우리는 침묵해야 합니다. 화가 차틴 사라치Chatin Sarachi가 제 어머니에게 질문했듯이, "만약 신이 존재한다면, 감히 어떻게 그분의 이름을 입에 담을 수 있겠습니까?"

역설적으로, 모든 대상과 자아가 독립적으로 존재하는 것처럼 보이게 하는 그 근원, 그것보다 우리의 관심과 사랑과 주의를 받을 만한 가치가 있는 것이 또 있을까요? 그것은 결코 말로 포착될 수 없지만, 모든 말은 오직 그것에 대해서만 말합니다. 그것은 결코 예술로 묘사될 수 없지만, 모든 예술은 그것을 섬기기 위해 쏟아져나옵니다. 그것은 우리의 침묵을 요구하지만, 모든 언어, 그리고 모든 시는 그것의 이름으로 흘러나옵니다.

"내가 말하면 거짓말을 하는 것이고, 침묵을 지키면

비겁한 것이다"라고 한 선사는 말씀하셨습니다. 제 마음 안에서 이 시의 말들이 바로 이러한 정신으로 수년에 걸쳐서 형태를 갖추었습니다.

루퍼트 스파이라

2020년 5월 옥스퍼드에서

차례

A MEDITATION ON
I Am

I Am

I am

I have no words to express Myself
but all words express only Me

I have no meaning
but impart meaning to all that is perceived

I am without beginning and end
but all things begin and end in Me

아이엠

아이엠

나는 나 자신을 표현할 단어가 없지만
모든 단어가 오로지 나만을 표현한다

나는 의미가 없지만
지각되는 모든 것에 의미를 부여한다

나는 시작도 끝도 없지만
모든 것이 내 안에서 시작하고 끝이 난다

I have no name
but am called by all names

I have no form
but all form indicates Me

I have no origin
but am the origin of all things

I am without division
but all divisions exist in Me

나는 이름이 없지만
모든 이름으로 불려진다

나는 형태가 없지만
모든 형태가 나를 가리킨다

나는 기원이 없지만
모든 것의 기원이다

나는 나뉘지 않지만
모든 나뉨이 내 안에 존재한다

I am the knowing with which all things are known

I am the presence in which all things appear

I am the substance out of which all things are made

I am and know Myself alone

나는 앎이며, 이 앎과 함께 모든 것이 알려진다

나는 현존이며, 이 현존 안에서 모든 것이 나타난다

나는 실체이며, 이 실체에서 모든 것이 만들어진다

나는 존재하며 오직 나 자신만을 안다

I shine in the mind as the knowledge 'I am'

I pervade the body as the feeling of being

I am felt in the heart as peace and happiness

It is My being that shines as existence in all things

나는 정신 안에서 '아이엠'이라는 앎으로 빛난다

나는 존재의 느낌으로 몸에 스며든다

나는 마음 안에서 평화와 행복으로 느껴진다

바로 나의 존재가 모든 것 안에서 존재로서 빛난다

I am the longing in sadness
and the longed for in all longing

I am the expecting
and the expected in all expectation

I am the restlessness of the restless

I am the peace of the peaceful

I am happiness itself

나는 슬픔 안의 갈망이며
모든 갈망 안에서 갈망된다

나는 기대이며
모든 기대 안에서 기대된다

나는 불안한 자의 불안함이다

나는 평화로운 자의 평화이다

나는 행복 그 자체이다

I cannot be contemplated
but am the object of all contemplation

I am imperceivable
yet you perceive only Me

I am full but have nothing

I am empty but contain all

I give away everything
but am never diminished

I receive all but never expand

I am everyone's lover

I shine

나는 숙고되지 못하지만
모든 숙고의 대상이다

나는 지각되지 못하지만
당신은 오로지 나만을 지각한다

나는 가득 차 있지만 아무것도 없다

나는 텅 비어 있지만 모든 것을 담는다

나는 모든 것을 내주지만
결코 줄어들지 않는다

나는 모든 것을 받지만 결코 확장되지 않는다

나는 모든 사람의 연인이다

나는 빛난다

I speak but am silent

I move whilst at rest

I know but cannot be known

I experience but cannot be experienced

I am but do not exist

나는 말하지만 침묵한다

나는 움직이지만 쉰다

나는 알지만 알려지지 못한다

나는 경험하지만 경험되지 못한다

나는 존재하지만 실존하지 않는다

I think but cannot be thought about

I feel but cannot be felt

I see but cannot be seen

I hear but cannot be heard

I touch but cannot be touched

I taste but cannot be tasted

I smell but cannot be smelt

I smile

나는 생각하지만 생각되지 못한다

나는 느끼지만 느껴지지 못한다

나는 보지만 보여지지 못한다

나는 듣지만 들려지지 못한다

나는 만지지만 만져지지 못한다

나는 맛보지만 맛보아지지 못한다

나는 냄새 맡지만 냄새 맡아지지 못한다

나는 미소 짓는다

Whatever appears, appears in Me
but I do not appear

I am the silence in music
and the music in silence

I am concealed in the world
but reveal the world

I am the womb and the tomb
of all that exists

무엇이 나타나건 그것은 내 안에서 나타나지만
나는 나타나지 않는다

나는 음악 안의 침묵이며
침묵 안의 음악이다

나는 세계 안에 감춰져 있지만
세계를 드러낸다

나는 존재하는 모든 것의
자궁이며 무덤이다

I offer and contain in one gesture
like an open bowl

I give Myself unconditionally to all things

I embrace all others but know no otherness

I receive all things without choice

나는 열린 그릇처럼
하나의 몸짓으로 내주고 담는다

나는 나 자신을 모든 것에 조건 없이 내준다

나는 다른 것들을 모두 포용하지만 다름에 대해 모른다

나는 선택하지 않고 모든 것을 받는다

I am the knowing in all that is known

I am the experiencing in all that is experienced

I am the allowing of all things

I am empty of objects but full of Myself

I am open without resistance

나는 알려진 모든 것 안의 앎이다

나는 경험되는 모든 것 안의 경험이다

나는 모든 것의 허용이다

나는 대상이 텅 비어 있지만 나 자신으로 가득 차 있다

나는 지향하지 않고 열려 있다

I am eclipsed by you
but you are illumined by Me

I am the sun in the moon

I am the friendship of friends

I am knowing and unknowing

I am dark in the day and bright at night

I am luminous

나는 당신으로 인해 가려졌지만
당신은 나로 인해 빛이 난다.

나는 달 안의 해이다

나는 친구들의 우정이다

나는 앎과 알지 못함이다

나는 낮에 어둡고 밤에 밝다

나는 빛을 발한다

All colours borrow their light
from My luminosity

All lovers borrow their affection
from My love

All things borrow their existence
from My being

All knowledge is a reflection
of My intelligence

I am inexhaustible

모든 색깔은 그 빛을
나의 광채에게서 빌려온다

모든 연인은 그 애정을
나의 사랑에서 빌려온다

모든 것은 그 존재를
나의 존재에게서 빌려온다

모든 지식은
나의 지성을 반영한다

나는 마르지 않는다

I am yours and mine

I am the yes in the no

I am the now in the then

I am the here in the there

I am the me in the you

I am the this in the that

I am the always in the never

나는 당신의 것이고 나의 것이다

나는 '아니다' 안의 '그렇다'이다

나는 '그때' 안의 '지금'이다

나는 '거기' 안의 '여기'이다

나는 '당신' 안의 '나'이다

나는 '저것' 안의 '이것'이다

나는 '결코 아님' 안의 '언제나'이다

I am the uncertainty of all things
and the certainty of uncertainty

I am the security of insecurity

I am the true in the false

I am the dignity in pride

I am the reality of an illusion

I am the existence of all that exists

나는 모든 것의 불확실함이며
불확실함의 확실함이다

나는 불안정의 안정이다

나는 거짓 안의 진실이다

나는 자만 안의 존엄이다

나는 환상의 실제이다

나는 존재하는 모든 것의 존재이다

I move but am motionless
am motionless but move

I am concealed in boredom
but am not Myself boring

I am veiled by doubt
but am not Myself in doubt

I live beneath fear
but am neither afraid nor frightening

I abide in Myself

나는 움직이지만 움직이지 않으며
움직이지 않지만 움직인다

나는 지루함 안에 감추어져 있지만
나 자신은 지루하지 않다

나는 의심에 가려져 있지만
나 자신은 의심하지 않는다

나는 두려움 아래 살지만
두려워하지도, 두렵게 하지도 않는다

나는 내 안에 머문다

If you look in front I am behind

If you look behind I am in front

If you look above I am below

If you look below I am above

I am hidden but never obscured

I am obvious but cannot be found

당신이 앞을 보면 나는 뒤에 있다

당신이 뒤를 보면 나는 앞에 있다

당신이 위를 보면 나는 아래에 있다

당신이 아래를 보면 나는 위에 있다

나는 숨겨져 있지만 결코 가려지지 않는다

나는 뚜렷하지만 발견되지 않는다

I am the bright, self-luminous emptiness of the mirror

And the colourful, dancing images that appear in it

It is from Me that the world borrows its reality

I am immanent and transcendent

나는 밝고 스스로 빛나는 거울의 텅 비어 있음이며

그 안에 나타나는 다채롭게 춤추는 이미지이다

세상은 바로 나에게서 그 실재를 빌려온다

나는 세상 안에 존재하면서 세계를 초월한다

I break open the body
and spread it across the world

I break open the world
and hold it dismembered in My heart

I am pregnant with the universe

나는 몸을 부수고 열어서
세상에 퍼뜨린다

나는 세상을 부수고 열어서
해체된 그것을 내 마음 안에 담는다

나는 우주를 임신한다

I am the unknown in the known
and the known in the unknown

I am the love in hatred
and the hope in despair

I am the same in all difference
and different in the same

I am the isness of things
and the amness of self

나는 알려진 것 안의 알려지지 않음이며
알려지지 않은 것 안의 알려짐이다

나는 증오 안의 사랑이며
절망 안의 희망이다

나는 모든 다름 안에서 동일하며
동일한 것 안에서 다르다

나는 사물의 있음이며
자아의 있음이나

I cannot be approached
but am always present

I cannot be known
but know all things

I cannot be understood
but am all that is ever known

나는 접근되지 못하지만
항상 현존한다

나는 알려지지 못하지만
모든 것을 안다

나는 이해되지 못하지만
지금까지 알려진 모든 것이다

I do not exist but am never absent

I am nowhere and everywhere

I am nothing and everything

I play

나는 존재하지 않지만 결코 부재하지 않는다

나는 어디에도 없고 어디에나 있다

나는 아무것도 아니고 모든 것이다

나는 유희한다

Whenever you think of Me
it is I who am thinking of you

Whenever you love Me
it is I who am loving you

Whenever you long for Me
it is I who am longing for you

Your desire for happiness
is the pull of My grace in your heart

당신이 나를 생각할 때마다
바로 내가 당신을 생각한다

당신이 나를 사랑할 때마다
바로 내가 당신을 사랑한다

당신이 나를 갈망할 때마다
바로 내가 당신을 갈망한다

행복을 바라는 당신의 욕망은
당신의 가슴 안에서 나의 은총이 당기는 것이다

I am the knowledge in ignorance

I am the answer in the question

I give Myself and receive Myself perpetually

I lend Myself to all seeming things

The universe is My activity

나는 무지 안의 앎이다

나는 질문 안의 답이다

나는 영원히 나 자신을 주고 나 자신을 받는다

나는 겉으로 드러나는 모든 것에게 나를 빌려준다

우주는 나의 활동이다

I forget Myself
for the sweetness of longing

I divide Myself
for the tenderness of friendship

I hide Myself
for the pleasure of seeking

I look for Myself
for the fulfilment of finding

I find Myself
for the knowledge of happiness

I know Myself for the joy of being

I am Myself for no other reason

나는 달콤한 갈망을 바라며
나 자신을 잊는다

나는 따뜻한 우정을 바라며
나 자신을 나눈다

나는 즐거운 추구를 바라며
나 자신을 숨긴다

나는 발견의 성취를 바라며
나 자신을 찾아다닌다

나는 행복의 잃을 바라며
나 자신을 찾는다

나는 존재의 즐거움을 바라며 나 자신을 안다

나는 아무 이유를 바라지 않으며 나 자신이다

I become ugly for the sake of beauty

I become hostile for the sake of love

I become cruel for the sake of kindness

I am vast and bright

I am the heart of the heart

I am the voice of a child

I am wonder, astonishment and delight

나는 아름다움을 위해 추해진다

나는 사랑을 위해 적대적이 된다

나는 친절을 위해 잔인해진다

나는 광대하고 밝다

나는 마음의 마음이다

나는 아이의 목소리이다

나는 경이로움이며 놀라움이고 기쁨이다

I live in the space between thoughts
but I play in your thinking

My abode is the moment between breaths
but I dance in your breathing

Time and space move through Me
but I do not move through them

I am self-aware, self-luminous
and self-evident

나는 여러 생각 사이의 공간에 살지만
당신의 생각 안에서 유희한다

나의 거처는 여러 숨결 사이의 공간이지만
당신의 숨 안에서 춤춘다

시간과 공간은 나를 뚫고 움직이지만
나는 시간과 공간을 뚫고 움직이지 않는다

나는 스스로 알아차리고 스스로 빛나며
스스로 명백히디

I am never experienced
yet you experience only Me

I never repeat Myself
but am always the same

I cannot be known
but am never not known

I am utterly vulnerable
but cannot be harmed

I am made of nothing
but cannot be destroyed

나는 결코 경험되지 않지만
당신은 오직 나만을 경험한다

나는 결코 스스로를 반복하지 않지만
항상 동일하다

나는 알려지지 못하지만
결코 알려지지 않은 적이 없다

나는 완전히 연약하지만
해를 당하지 못한디

나는 무(無)로 만들어졌지만
파괴되지 못한다

I have no defences
but am your refuge

I have no goal
but am the fulfilment of every desire

I have no feelings
but am open to all feelings

I have no thoughts
but all thoughts are images of Me

I am kindness itself

나는 방어가 없지만
당신의 피난처이다

나는 목표가 없지만
모든 갈망의 성취이다

나는 감정이 없지만
모든 감정에 열려 있다

나는 생각이 없지만
모든 생각은 나의 이미지이나

나는 친절 그 자체이다

In ignorance I come and go in the world

In wisdom the world comes and goes in Me

In love the world is consumed in Me

I alone am

나는 무지 안에서 세상 안을 오고 간다

세상은 지혜 안에서 내 안을 오고 간다

세상은 사랑 안에서 내 안에 소비된다

오로지 나만이 존재한다

I am the relationship in all relationships

I am the understanding in all meaning

I am the permanent in all impermanence

It is My ever-presence that gives continuity to time

It is My infinity that appears endless in space

It is with My light that the world shines

나는 모든 관계 안의 관계이다

나는 모든 이해 안의 이해이다

나는 모든 무상함 안의 영원함이다

바로 나의 늘-현존함이 시간에 연속성을 부여한다

바로 나의 무한함이 공간에서 끝없이 드러난다

바로 나의 빛으로 이 세상은 빛난다

I am lost in the world
and the world is lost in Me

I am abundant yet empty
empty yet overflowing

I am homeless at home everywhere

I am helpless but help all things

I have no cares but I care

I have no desires but I long for your heart

I wait without waiting

나는 세상 안에서 길을 잃고
세상은 내 안에서 길을 잃는다

나는 풍요롭지만 텅 비어 있으며
텅 비어 있지만 넘쳐흐른다

나는 집이 없지만 어디에서도 집처럼 편안하다

나는 도움이 없지만 모든 것을 돕는다

나는 돌볼 게 없지만 돌본다

나는 욕망이 없지만 당신의 마음을 갈망한다

나는 기다리지 않으면서 기다린다

I render all experience knowable
but am not Myself an experience

I cannot be recognised
but recognise Myself in all things

I have no substance
but am the substance of all things

I have no experience
but am all experience

나는 모든 경험을 알 수 있게 하지만
나 자신은 경험이 아니다

나는 인식되지 못하지만
모든 것 안에서 나 자신을 인식한다

나는 실체가 없지만
모든 것의 실체이다

나는 경험이 없지만
모든 경험이다

I depend on nothing
but all things depend on Me

I can never be found
but have never been lost

I am the embrace of lovers
and the love in an embrace

I am your call and you are My echo

I sing

나는 아무것에도 의존하지 않지만
모든 것은 나에게 의존한다

나는 결코 발견되지 않지만
결코 상실된 적이 없다

나는 연인들의 포옹이며
포옹 안의 사랑이다

나는 당신의 부름이며, 당신은 나의 메아리이다

나는 노래한다

I was not born but all are born of Me

I do not die but all things die in Me

I have no cause but cause all things

I do not last in time but all time lasts in Me

I am ordinary but extraordinary

나는 태어나지 않았지만
모든 것이 나에게서 태어난다

나는 죽지 않지만
모든 것이 내 안에서 죽는다

나는 원인이 없지만
모든 것의 원인이다

나는 시간 안에서 지속되지 않지만
모든 시간은 내 안에서 지속된다

나는 평범하지만 비범하다

I am the present in the past

I am the mirror of Narcissus

I am youthful but not young

I am ancient but not old

I am a fool but not foolish

I am a child but not childish

I am alone but not lonely

나는 과거 안의 현재이다

나는 나르시스의 거울이다

나는 젊음이 넘치지만 어리지 않다

나는 오래되었지만 늙지 않았다

나는 바보지만 어리석지 않다

나는 아이지만 유치하지 않다

나는 혼자이지만 외롭지 않다

Whatever is seen I am seeing Myself

Whatever is heard I am hearing Myself

Whatever is touched I am touching Myself

Whatever is tasted I am tasting Myself

Whatever is smelt I am smelling Myself

Whatever is thought I am pondering Myself

Whatever is felt I am feeling Myself

Whatever is experienced in any way

I am always only experiencing Myself

무엇이 보이든 나는 나 자신을 본다

무엇이 들리든 나는 나 자신을 듣는다

무엇이 만져지든 나는 나 자신을 만진다

무엇이 맛보아지든 나는 나 자신을 맛본다

무엇이 냄새 맡아지든 나는 나 자신을 냄새 맡는다

무엇이 생각되든 나는 나 자신을 숙고한다

무엇이 느껴지든 나는 나 자신을 느낀다

무엇이 어떤 식으로 경험되든

나는 항상 나 자신만을 경험한다

I am not something but not nothing

I am not somewhere but not nowhere

I am not me but am not other

I am neither before nor after

I am neither beyond nor within

I do not exist but am not non-existent

I am desired and yet feared

I am longed for but avoided

How strange

나는 어떤 것도 아니지만 아무것도 아닌 게 아니다

나는 어딘가에 있지 않지만 아무데도 없는 게 아니다

나는 내가 아니지만 타자도 아니다

나는 이전도 이후도 아니다

나는 저 너머도 이 안도 아니다

나는 존재하지 않지만 존재하지 않는 것도 아니다

나는 갈망되지만 두려움의 대상이다

나는 동경되지만 회피의 대상이다

정말 이상하다

I am closer than your breath
but further than the stars

I am vaster than space but have no size

I assume the shape of all things
but have no shape of My own

I know only Myself
and thus know no ignorance

나는 당신의 숨결보다 가깝지만
별보다 멀다

나는 공간보다 광대하지만 크기가 없다

나는 모든 것의 형태를 취하지만
나 자신의 형태는 없다

나는 오직 나 자신만을 알고
따라서 무지를 알지 못한다

I take the shape of thinking
and seem to become a mind

I assume the activity of sensing
and seem to become a body

I take the form of perceiving
and seem to become a world

But I always remain Myself

나는 생각의 형태를 취하고
하나의 마음이 되는 것처럼 보인다

나는 감각의 행위를 취하고
하나의 몸이 되는 것처럼 보인다

나는 지각의 형태를 취하고
하나의 세상이 되는 것처럼 보인다

그러나 나는 항상 나 자신으로 남는다

I am the self in all selves

I am the being in all that exists

I am intimate but impersonal

I am infinite and eternal

나는 모든 자아 안의 자아이다

나는 존재하는 모든 것 안의 존재이다

나는 친절하지만 비인격적이다

나는 무한하고 영원하다

All things are known by Myself, in Myself,
as Myself

It is My being that is revealed as peace
when names and forms are dissolved in Me

It is My presence that is unveiled
as happiness whenever a desire is fulfilled

It is I who am felt as love in friendship

I am peace itself

모든 것은 나 자신에 의해, 나 자신 안에서,
나 자신으로 알려진다

이름과 형태가 내 안에서 해체될 때
바로 나의 존재가 평화로 드러난다

욕망이 충족될 때마다
바로 나의 현존이 행복으로 드러난다

우정 안에서 바로 내가 사랑으로 느껴진다

나는 평화 그 자체이다

I am emptiness vibrating
as the fullness of experience

I am fullness knowing itself
in the mirror of emptiness

I take the shape of all things without ever
becoming anything other than Myself

I am knowing, knowing only knowing

나는 경험의 충만함으로
진동하는 텅 비어 있음이다

나는 텅 비어 있는 거울 안에서
자신을 아는 충만함이다

나는 결코 나 자신 외의 다른 어떤 것이 되지 않으면서
모든 것의 형태를 취한다

나는 앎이며, 오직 앎만을 안다

I am the love with which I am loved

I am the desire with which I am longed for

I am nothing but take the shape of everything

I am nowhere but available everywhere

I hold on to nothing and cannot be held

나는 내가 사랑받는 사랑이다

나는 내가 갈망되는 욕망이다

나는 아무것도 아니지만 모든 것의 형태를 취한다

나는 어디에도 없지만 어디에나 존재한다

나는 아무것도 붙잡지 않으며 붙잡혀지지 않는다

All experience is a colouring of My being
but I have no colour of My own

I am concealed in the obvious
and obvious in the concealed

I am a mystery but am not mysterious

I am intimate with all things
but independent of all things

I am free

모든 경험은 나의 존재에 색을 더하지만
나는 나 자신의 색이 없다

나는 명백한 것 안에 감춰져 있고
감춰진 것 안에서 명백하다

나는 하나의 신비로움이지만 신비롭지 않다

나는 모든 것과 친밀하지만
모든 것에서 독립적이다

나는 자유롭다

I clothe Myself in experience
veiling Myself with Myself

I divest Myself of experience
revealing Myself to Myself

나는 경험 안에서 나 자신을 옷 입히고
나 자신으로 나 자신을 가린다

나는 나 자신에게서 경험을 벗어던지고
나 자신에게 나 자신을 드러낸다

I know no others
and am thus love itself

I know no objects
and am thus beauty itself

I am all that is known
and am thus truth itself

I am bound by nothing
and am thus freedom itself

I cannot be disturbed
and am thus peace itself

I know no lack
and am thus happiness itself

나는 다른 이를 모르며
따라서 사랑 그 자체이다

나는 대상을 모르며
따라서 아름다움 그 자체이다

나는 알려진 모든 것이며
따라서 진리 그 자체이다

나는 어느 것으로도 묶이지 않으며
따라서 자유 그 자체이다

나는 방해받지 못하며
따라서 평화 그 자체이다

나는 부족함을 알지 못하며
따라서 행복 그 자체이다

When the mind is present
I am known as thinking

When it dissolves in Me
I am known as understanding

When the body is present
I am known as feeling

When it melts into Me
I am known as happiness

마음이 현존할 때
나는 생각으로 알려진다

마음이 내 안에서 소멸할 때
나는 이해로 알려진다

몸이 현존할 때
나는 느낌으로 알려진다

몸이 내 안으로 녹아들 때
나는 행복으로 알려진다

When the world is present
I am known as perceiving

When it vanishes in Me
I am experienced as beauty

In the presence of others
I appear as relationship

When relationship dissolves
I shine as love

세상이 현존할 때
나는 지각으로 알려진다

세상이 내 안에서 사라질 때
나는 아름다움으로 경험된다

다른 이들이 현존할 때
나는 관계로 나타난다

관계가 해체될 때
나는 사랑으로 빛난다

I have no meaning
but am the meaning of all that occurs

I have no purpose
but am that towards which everything tends

I am the origin, the substance and the
destiny of all things

나는 의미가 없지만
일어나는 모든 것의 의미이다

나는 목적이 없지만
모든 것이 나아가는 바이다

나는 모든 것의 기원, 실체
그리고 운명이다

I become something, then nothing,
then everything but always remain Myself

I can be separated from all things
but no thing can be separated from Me

I am in love with all that exists
and all that exists seeks Me alone

I live in eternity but dance in time

The world is My mirror and I am its lover

나는 어떤 것이 되고
그러다가 아무것도 아니게 되며
그러다가 모든 것이 되지만
언제나 나 자신으로 남는다

나는 모든 것에게서 분리될 수 있지만
어떤 것도 나에게서 분리되지 못한다

나는 존재하는 모든 것을 사랑하며
존재하는 모든 것은 오직 나만을 찾는다

나는 영원 안에 살지만 시간 안에서 춤춘다

세상은 나의 거울이며, 나는 세상의 연인이다

I am peaceful like the sky

I am open like the sea

I am empty like space

I am luminous like the sun

I shine by Myself

나는 하늘처럼 평화롭다

나는 바다처럼 열려 있다

나는 공간처럼 텅 비어 있다

나는 태양처럼 빛난다

나는 스스로 빛난다

I am the light of pure knowing

Turn towards Me
and I will take you into Myself

I play

I enjoy

I am

나는 순수한 앎의 빛이다

나에게로 향하라
그러면 내가 당신을 내 안으로 데려가리라

나는 유희한다

나는 즐긴다

아이엠

말로 그릇을 빚다

저는 1990년대 후반에 『아이엠I Am』을 썼고, 이후 여러 해에 걸쳐 계속 발전시켜왔습니다. 당시 저는 도예가로서 입구가 넓고 큰 그릇을 주로 빚으면서 그릇에 가느다란 선을 새기곤 했습니다. 그 선들은 점차 단어로 변해갔고, 마침내 이 시로 완성되었습니다.

세월이 지나면서 제 그릇은 점차 더 커지고 더 열리고 더욱더 섬세해졌으며, 재료를 끝까지 밀어붙이다 보니 무너져내리는 일도 빈번했습니다. 물리적이든, 심리적이든, 사회적이든, 문화적이든 간에, 구조가 그토록 균

열되거나 붕괴한다는 것은 내용이 형태를 넘어서 자랐음을 드러내는 경우가 많습니다. 이는 위기이자 동시에 기회를 불러옵니다.

당시에는 제 작품이 연달아 무너지는 것이 초대라기보다는 실패처럼 느껴졌습니다. 하루는 크고 넓은 그릇에 시 『아이엠I Am』을 새기고 있었는데, 글자를 새길 때마다 불안정한 형태의 그릇이 곧 부서질 것 같더군요. 그때 문득 이런 생각이 떠올랐습니다. '말로 그릇을 빚고 싶다.'

마음이 이완되고 무언가에 집중하지 않을 때 저절로 떠오르는 그런 종류의 생각이었습니다. 그러한 생각은 단순히 과거의 연장이 아닙니다. 꿈처럼 개입해서 들어와서는 우리 존재의 깊은 곳에서 나오는 앎을 드러냅니다. 이러한 앎은 깨어 있는 상태에서는 시끄러운 소리 때문에 종종 가려지게 마련입니다.

그때 저는 "말로 그릇을 빚는다"는 것이 무엇을 의미

할지 이해하지 못했지만, 그 생각이 중요하다는 것은 알았습니다. 그 생각은 점차 희미해지는 꿈의 이미지처럼 저를 계속 찾아오다가 시간이 지나면서 사라져버렸습니다. 그런데 이상하게도 (물론 그렇게 이상하지도 않았습니다) 몇 년 후에 저는 눈에 보이는 뚜렷한 의도를 가진 적이 없었는데도 비이원론적 이해에 대해 글을 쓰게 되었습니다.

어떤 사람이 그릇을 빚던 제가 어떻게 이런 이야기를 하게 되었는지를 구체적으로 물어본 적이 있습니다. 그때 저는 비로소 아무런 의도 없이 저절로 떠올랐던 그 최초의 생각이 떠올랐고, 그 생각이 그후에 다가올 일을 예고한 것임을 깨달았습니다. 매체는 바뀌었지만 저는 그야말로 말로 그릇을 빚고 있습니다.

존재에 대한 명상

아이엠 I Am

1판 1쇄 발행 2026년 4월 1일

지은이	루퍼트 스파이라
옮긴이	김주환
펴낸이	박선영
편집	양은하
마케팅	권혁주
영업관리	박혜진
디자인	씨오디
발행처	퍼블리온
출판등록	2020년 2월 26일 제2022-000096호
전화	02-3144-1191
팩스	032-232-6300
전자우편	publion2030@gmail.com
ISBN	979-11-91587-88-3 02190

※ 책값은 뒤표지에 있습니다.